A Economia Circular

Editora Appris Ltda.
1.ª Edição - Copyright© 2024 do autor
Direitos de Edição Reservados à Editora Appris Ltda.

Nenhuma parte desta obra poderá ser utilizada indevidamente, sem estar de acordo com a Lei nº 9.610/98. Se incorreções forem encontradas, serão de exclusiva responsabilidade de seus organizadores. Foi realizado o Depósito Legal na Fundação Biblioteca Nacional, de acordo com as Leis nºs 10.994, de 14/12/2004, e 12.192, de 14/01/2010.

FICHA TÉCNICA

EDITORIAL	Augusto Coelho
	Sara C. de Andrade Coelho
COMITÊ EDITORIAL	Marli Caetano
	Andréa Barbosa Gouveia (UFPR)
	Edmeire C. Pereira (UFPR)
	Iraneide da Silva (UFC)
	Jacques de Lima Ferreira (UP)
SUPERVISORA EDITORIAL	Renata C. Lopes
PRODUÇÃO EDITORIAL	Bruna Holmen
REVISÃO	Marcela Vidal Machado
PROJETO GRÁFICO	Lucielli Trevizan
ILUSTRAÇÃO	Omar Valdivia
REVISÃO DE PROVA	Jibril Keddeh

Catalogação na Fonte
Elaborado por: Dayanne Leal Souza
Bibliotecária CRB 9/2162

M672e 2024	Miranda, Rodolfo Pereira A economia circular / Rodolfo Pereira Miranda. – 1. ed. – Curitiba: Appris, 2024. 39 p. : il. color. ; 21 cm. ISBN 978-65-250-6584-7 1. Economia circular. 2. Sustentabilidade. 3. Meio ambiente. 4. Desenvolvimento sustentável. I. Miranda, Rodolfo Pereira. II. Título. CDD – 344.046

Appris editora

Editora e Livraria Appris Ltda.
Av. Manoel Ribas, 2265 – Mercês
Curitiba/PR – CEP: 80810-002
Tel. (41) 3156 - 4731
www.editoraappris.com.br

Printed in Brazil
Impresso no Brasil

Rodolfo Pereira Miranda

A economia Circular

artêra
editorial

Curitiba, PR
2024

AGRADECIMENTOS

Agradeço à minha família pelo apoio incondicional nessa jornada de aprendizado contínuo.

E agradeço especialmente aos meus filhos, Noah e Maia, que em tão pouco tempo foram capazes de me ensinar o quão importante é mudar a lógica para enfrentar certos desafios e que o melhor caminho para a evolução é a humildade, já que esta é precisamente aquilo que nos permite aprender, desaprender e reaprender continuamente.

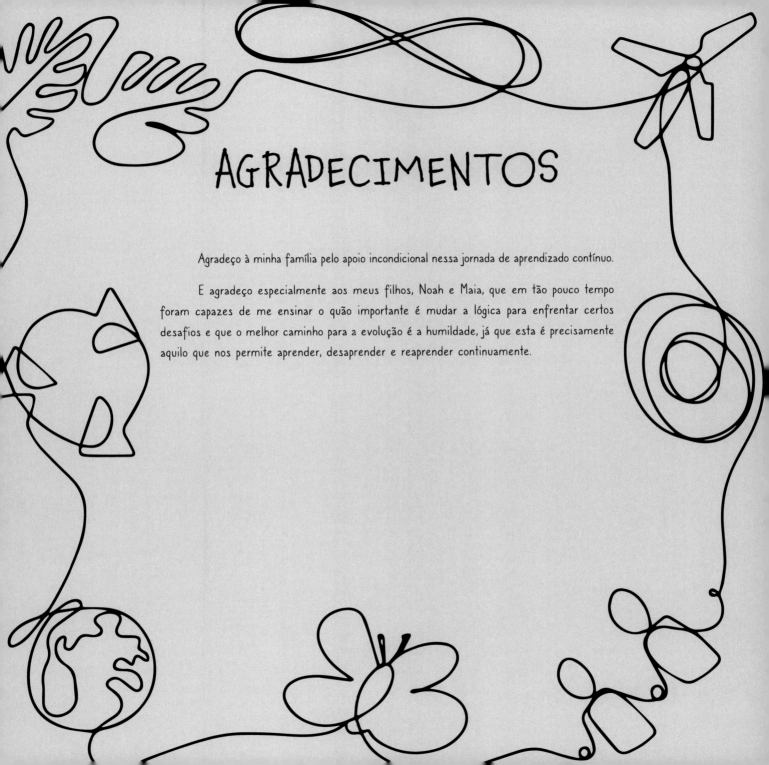

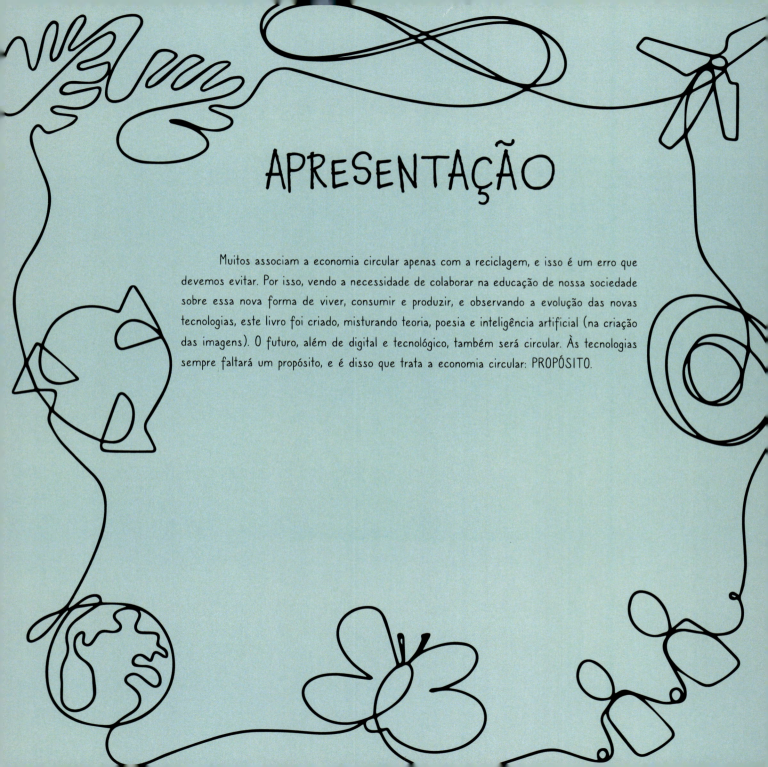

APRESENTAÇÃO

Muitos associam a economia circular apenas com a reciclagem, e isso é um erro que devemos evitar. Por isso, vendo a necessidade de colaborar na educação de nossa sociedade sobre essa nova forma de viver, consumir e produzir, e observando a evolução das novas tecnologias, este livro foi criado, misturando teoria, poesia e inteligência artificial (na criação das imagens). O futuro, além de digital e tecnológico, também será circular. Às tecnologias sempre faltará um propósito, e é disso que trata a economia circular: PROPÓSITO.

A todas as pessoas "nativas circulares" que estão buscando redesenhar a forma com que nos relacionamos com o planeta Terra.

A economia circular é uma nova forma de produzir e consumir, inspirada na natureza, onde o conceito de resíduo não existe. Os restos ou lixo de uns são os recursos de outros. Nada se desperdiça. Por isso falamos de vários "erres" que vão muito além de reciclar, como restaurar, reduzir, remanufaturar e regenerar.

Inspirada pelos desafios enfrentados ao navegar com recursos limitados, a reconhecida velejadora Ellen Macarthur criou, em 2010, a Fundação Ellen Macarthur para promover a economia circular. Um dos trabalhos conhecidos da fundação é o "diagrama da borboleta", que ilustra os ciclos biológico e técnico da economia circular.

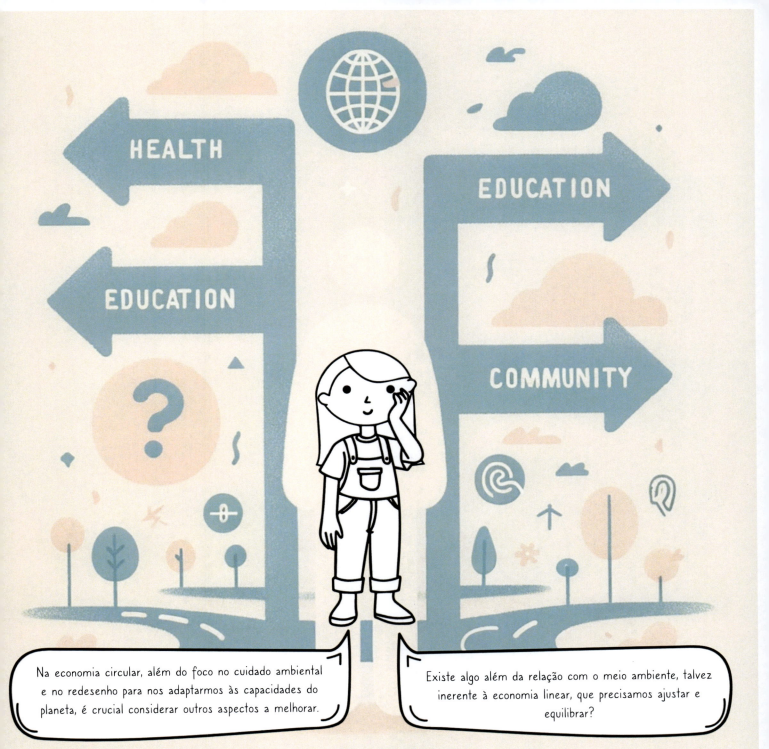

Para transmitir confiança e conhecimento, é crucial estar disposto a aprender, o que implica escutar, errar e reconhecer os erros.

"Aprender, desaprender e reaprender" é o único caminho que devemos seguir.

E COOPERAR.

Checklist Circular

( ) Reduzir o consumo impulsivo.

( ) Comprar apenas o que é necessário.

( ) Optar por qualidade e durabilidade em vez de quantidade.

( ) Tentar reparar antes de descartar.

( ) Usar alguns produtos de forma compartilhada.

( ) Escolher empresas que demonstram práticas circulares e sustentáveis.

( ) Comprar a granel sempre que possível.

( ) Reciclar corretamente.

( ) Aprender continuamente.

Vamos participar dessa "R"evolução circular?

Compartilhe sua ação circular nas redes com a #aloklubacademy

"A vida é uma união simbiótica e cooperativa que permite triunfar aqueles que se associam".
(Lynn Margulis)

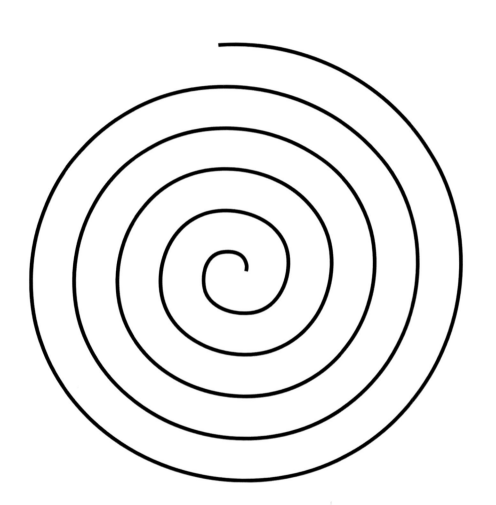